LA PROSE DES ILLETTRÉS

DU

QUATORZE - JUILLET

PAR

J. DELMORÈS, PLÉBÉIEN

PAMPHLET

Prix : 20 centimes

EN VENTE :

LIBRAIRIE EUGÈNE RELAVE

MONTBRISON Loire

1887

DU

QUATORZE-JUILLET

PAR

J. DELMORÈS, PLÉBÉIEN

PAMPHLET

Prix : 20 centimes

EN VENTE :

LIBRAIRIE EUGÈNE RELAVE

MONTBRISON Loire

1887

A mes Compagnons de lutte et d'infortune

Ces quelques pages, mon salut et ma solidarité.

J. D.

..... Avril 87.

DU
QUATORZE-JUILLET

I

C'est pour le Quartorze-Juillet que le canon tonne de sa voix d'airain et qu'au loin se dessinent les mâts empanachés de fleurs et de verdure.

O grand jour mémorable ! O grand jour cher aux heureux et aux fanatiques, que ne fais-tu épanouir dans toute sa grandeur le symbole qui pourrait s'abriter dans les plis du Drapeau tricolore, flottant au gré de la brise bourgeoise sur fronton de ses mille remparts !

O Quartorze-Juillet ! premier pas de la première délivrance, inspire-nous par cette réminiscence du Passé, le sublime amour de l'entière Emancipation des prolétaires et de la vraie « Liberté ».

Oui ! étale et fais scintiller à tous les yeux les trois couleurs de ta naissance, sans avoir honte de leur prostitution, de l'oubli de leur innocence perdue, de leur fraternité trahie, de leur dévouement impur ; rappelle-nous chaque année la victoire du Tiers-Etat d'autrefois, des maîtres d'aujourd'hui ; remémore-nous à ton aise la justice faite aux criminels suppôts de la monarchie décrépite, et tu ne feras que raviver dans notre cœur l'élan passionné de fraternité, d'égalité naturelle et de fière indépendance qui peut et qui doit seul y trouver place, pour venir accomplir à notre heure une plus noble, plus généreuse action, contre tout ce qui reste d'injuste, contre tout ce qui n'est pas la vérité dans cette vieille société gangrenée !

*
* *

Au milieu d'un simulacre de la joie publique et tout en percevant les sons fugitifs de la machine de bronze, ces pensées et d'autres semblables se présentaient constamment à mon esprit. J'étais dans une grande ville qui ne doit sa grandeur qu'à son immense agglomération ouvrière.

Je voyais d'un œil triste des hommes agiles qui plaçaient fièrement sur le dôme de l'Hôtel-de-Ville le drapeau de la France, encore vierge des promesses populaires.

Mon regard perdu distinguait à peine les reluisants chapeaux à haute forme des affameurs du « Pauvre » et je ne regardais pas leurs belles et élégantes compagnes, dont toute la gloire était de faire briller :

Dans la pourpre de feu, la braise des rubis,
Et les perles des mers dans les flots de la soie.

Je frémissais de colère et de dédain pour des hommes blasés et ignobles qui se multipliaient des éloges réciproques et qui excitaient par des paroles mensongères la juste impatience de tous les misérables réunis pour revendiquer du travail ou du pain, et non de vains discours.

Là, près de moi, se plaçaient en rangs serrés, toujours des victimes de la tyrannie, des soldats qui portaient avec eux les preuves de la corruption humaine et sociale, le rebours du « Progrès », le contraire des vœux de la nature, en même temps qu'ils avaient à souffrir de l'avilissement individuel par la soumission et le servage que chaque pandore doit à ses criminels, mais souvent inconscients supérieurs.

Cependant un contentement s'émpara de moi, lorsque je vis des hommes à la mise élégante, au visage soigné, aux mains blanches, parés des bijoux que le pauvre n'a jamais eus, recevoir avec orgueil des mentions flatteuses, des primes lucratives et des distinctions honorifiques.

Soit, disais-je, tout cela servira un jour à les désigner à la justice plébéienne, car ces chefs sans équité ou ces mercenaires sans volonté ni conscience, ne sont payés que pour leur zèle à tromper les malheureux.

N'est-il pas douloureux de voir ici la richesse et l'orgueil ambitieux former un véritable camp de patriciens, et là une misère sordide qui montre une plèbe affreuse, toujours taillable et corvéable à merci pour le premier possesseur venu, et dont chaque membre nous arrache un sentiment de fraternité impuissante ?

Bientôt je remarquai des ornements gigantesques, des réceptions grandioses, de sots aux riches habits, plats valets de la richesse incarnée, des distractions bourgeoises stupides, aux dépenses folles ; tandis que le soir, lorsque je vins à fuir ces parages de parjures, lorsque je quittai l'odeur de la poudre, le pétillement des illuminations et le bruit des pétards, lorsque je laissai plein de dédain les mille feux d'artifice que la pauvreté payait à la richesse, lorsqu'enfin je m'éloignai des danses joyeuses et des concerts qui tentent, je vis à mes côtés une foule de meurt-de-faim, d'ilotes, de parias, d'exploités sans travail que la douleur rongeait et que des haillons couvraient à peine, levant leurs bras menaçants contre toute cette superfluité de luxe et d'apparats trompeurs, un manifeste défi jeté à la face de la misère agonisante.

*
* *

Obsédé par la vue de cette étrange et vivante antithèse, je fuyais, je fuyai toujours, insensé, à travers des rues aux hôtels resplendissants de beautés et de lumières, guidé seulement par le hasard de l'incertain qui me conduisit bientôt dans un carrefour obscur dont les maisons basses, bizarres, lézardées, pareilles à des cavernes abandonnées ou à des tanières de fauves, exhalaient une odeur fétide qui oppressait l'odorat.

Soudain un cri perçant se répandit dans l'espace et pendant qu'une main de fer s'abattait lourdement sur mon épaule débile, une voix rauque, lugubre et glaciale me fit entendre ces mots terrifiants :

« La bourse ou la vie ! »

Hélas ! comme celui qui est pauvre trouve aujourd'hui toujours un plus pauvre que lui, ma poche fut, par un acte inévitable de fraternité et de solidarité, allégée de trois pièces blanches que s'attribuait la misère terrible et révoltée.

Insensiblement je portai mon regard timide sur le visage frémissant de mon audacieux agresseur, et j'allais finir une inspection rapide de celui qui déjà je croyais endurci criminel, bourgeois sans le sou, quand stupéfait, je reconnu là, devant moi, une victime de la société actuelle, un malfaiteur qu'elle oblige et qu'elle désigne elle-même, un laborieux travailleur d'hier et un affamé sans travail, un irresponsable voleur de pain d'aujourd'hui, un homme enfin qui n'avait plus de nourriture, auquel on avait refusé de l'ouvrage en même temps qu'on lui avait retiré tout asile et qui voyait les progrès de la science le rendre inutile et malheureux au lieu de le faire vivre plus facilement. Cela m'a fait penser ! Eh ! quand j'y songe bien, je voudrais serrer cordialement la main de celui qui a eu le courage de prendre sur moi, qui n'avais pas faim, ce que la société ingrate lui refusait pour soulager ses souffrances ! Le droit à l'existence n'est-il pas pour tous ?

Mais peut-être est-il maintenant sur la route fatale qui a pour but le joug des gardes-chiourmes ?

Je n'en partis pas moins et je laissai derrière moi ce malheureux innocent qui allait, par un premier crime, Messieurs les bourgeois, satisfaire son estomac avide.

Et bientôt, enfermé dans une chambre obscure, j'allai me livrer au doux sommeil, l'esprit absorbé par de tristes pensées, mais le cœur assurément épris des plus nobles sentiments d'humanité.

II

L'on dit et je sais que la nuit nous rêvons (pour le pauvre, vie bien plus heureuse que l'autre !) ordinairement à l'objet qui a occupé le plus notre esprit pendant la journée qui est déjà bien loin dans le passé.

Aussi, dès que je fus couché, je me sentis d'abord comme bercé par de petits génies fantastiques, songes merveilleux qui agitaient gracieusement leurs ailes autour de moi et que je croyais voir sortir par une porte singulière, semblable à un cylindre de corne, d'un palais magnifiquement fabuleux.

Et percevant ensuite un bruit léger comme l'est

la chute d'un voile qui cache une admirable statue :
je me trouvai bientôt, sous mes paupières closes,
plongé féériquement dans un rêve d'or.

*
* *

Quoi ! au lieu d'un drapeau tricolore, j'apercevais
tout lacéré, tout couvert de boue et de sang, un
drapeau blanc couronné de fleurs de lys !

Quoi ! C'était la Bastille flamboyante qui s'écrou-
lait aux derniers coups des canons populaires, et
qui rendait les restes funèbres de ses mille victimes !

Mais, terreur ! que vois-je encore devant moi,
dans ces jets de flamme qui s'entrecroisent ?

C'est la tête sanglante de Delaunay traversée par
une pique qui la tient visible à tous les yeux !

C'est plus tard le cœur sanguignolent de la prin-
cesse Lomballe qu'une lance va porter aux pieds
d'un trône chancelant !

N'entends-je pas, dans la fournaise des éclats populaires, les cris vengeurs et les pénibles impréca-
tions ?

C'est la citoyenne Sombreuil qui vient chercher
son père dans un chaos de cadavres amoncelés !

Et c'est aussi un roulement de tambours qui
couvre, avec l'explosion des colères, la voix de
Louis XVI sur l'échafaud.

Encore des hurlements farouches et de plaintifs
appels qui montent là-bas vers ces lueurs lugu-
bres !

C'est le cliquetis des armes, c'est le grincement
du couperet de la guillotine, ce sont les adieux des
mourants qui emplissent à présent toute la France
de terreurs et d'angoisses !

J'aperçois dans l'ombre un groupe d'hommes
plus ou moins cousus d'or qui, pour leur but per-
sonnel, déchaînent la fureur des pauvres se faisant
massacrer impitoyablement pour eux.

Je les ai entendus qui, tout en préparant la banqueroute de la Nation, décrétaient que, pour être citoyen actif, électeur, il fallait posséder une certaine somme d'argent.

Et l'un d'eux, le plus illustre peut-être, disait ces sincères et véridiques paroles :

« Nos neveux nous croirons grands. Rendons-
« les plus heureux. »

Et leurs neveux plus heureux, oui, ce sont tous ceux qui, possédant pour eux seuls la richesse de tous, exploitent les déshérités et sont devenus les aristocrates d'aujourd'hui !

Puis de l'ombre éloignée sortent des hommes décidés, courageux, à moitié vêtus : des sans-culottes.

L'un de ces fidèles révolutionnaires tient dans ses bras un jeune enfant qui soupire à peine.

« Compagnons, s'écrie-t-il aux hommes qui sont à ses côtés, vaillants citoyens, voyez mon fils presque mourant. Cinquante baïonnettes aristocrates étaient tout à l'heure sur sa poitrine pour conserver en ôtage un enfant de la Nation. Du courage et de l'audace, car nos ennemis sont partout, et ce sont tous ceux qui n'ont jamais connu la misère et l'esclavage. N'oubliez pas qu'il n'est point nécessaire d'avoir un monarque pour être en tyrannie ; l'Assemblée est maintenant un autocrate à plusieurs centaines de têtes ! Délivrons d'abord la République de tous ses traîtres et marchons ensuite toujours de l'avant, sans trêve ni merci, car il faut se mettre au travail pour terminer toute l'œuvre de la Révolution qui doit faire le tour du Monde. »

La petite troupe s'ébranla pour suivre celui qui venait de parler ainsi, et après, tandis que j'entendais des fusillades sanglantes, qu'il me semblait voir d'effroyables incendies, j'ai cru sentir une petite raffale de bise m'apportant de la Tribune nationale les paroles chaleureuses de :

« Vive la Liberté ! Vive la République ! »

Et des rues funèbres, l'arène des plébéiens, les cris sublimes et perçants :

« Vivre ou mourir ! Vive la Révolution ! »

III

Prompte comme l'éclair, une voix tonnante sortant des poumons d'un athlète au supplice, me réveilla en sursaut, et je... ne vis plus rien : tout avait disparu !

Deux jours après j'étais assis aux côtés d'un vieillard aux longs cheveux blancs.

C'était le petit sans-culotte qui était devenu vieux à son tour.

« Oui, me dit-il, l'on était bien malheureux alors ; les travailleurs n'avaient pas suffisamment de pain, et cependant ils payaient tout de leur personne et de leurs gros sous. Les bourgeois ont fraternisé à cette époque mémorable ; ils se sont dévoués pour tous, et tous les pauvres ont combattu pour eux aussi. Que de têtes sont tombées, mais en somme nous avons la Liberté, l'Egalité maintenant, et nous sommes heureux. »

O désespoir ! le petit révolté de 93 ne voyait donc pas les misères trop cruelles du présent ; n'apercevait-il donc pas non plus un groupe d'affamés qui passait dans la rue en même temps que les carrosses dorés des riches, dont tout le superflu est le nécessaire des pauvres. Ne voyait-il pas encore que des peuples aveugles s'entr'égorgeaient toujours sous les ordres de vulgaires bandits et que la guerre, ce duel de tyrans, existait à cette heure même et menaçait à chaque instant l'horizon de ses épouvantables fléaux ; que si les hommes, aujourd'hui, n'étaient pas comme autrefois les serfs

des seigneurs et de la terre, ils se trouvaient logi-
quement les esclaves, la chair à machine, à travail
du capital et des capitalistes ; que si les trônes
étaient abolis en France, ils se dressaient toujours
menaçants dans maintes et maintes contrées ; que
des criminels, en soutane ou non, voilaient encore
l'esprit humain et vivaient de la bêtise, de l'ignorance de ceux qu'ils trompent toujours impuné-
ment ; que les uns étaient toute leur vie dans une
constante misère, tandis que les autres avaient dès
leur berceau une perpétuelle richesse ; que les
richesses de la nature étaient possédées par certains au lieu d'appartenir à tous ; que toujours
il existait des frontières ; que toujours l'on
subissait mille parasitismes : celui du soldat, cri-
minelle inutilité ; celui du juge, absurdité humaine; celui du prêtre, ignorance coupable ; celui
du capital, injustice flagrante ; et, qu'enfin, la justice n'était pas encore apparue toute grande sur la
terre ?

Non ! mais lorsque je lui montrai tout cela ; lorsque je lui fis penser, non pas à ces vieux manoirs
aux tours crénelées de son premier âge, mais aux
châteaux splendides qu'habite chaque prince de la
fortune ; lorsque je lui expliquai tous les privilèges
des riches et toute la nullité, la misère, l'exclusion
des autres qui ne possèdent encore que la liberté
de choisir leurs bourreaux et de mourir silencieu-
sement de faim ; lorsque je lui fis lire les arresta-
tions autoritaires de plusieurs compagnons de servage, il me dit lentement, de sa voix faible, où se
montrait cependant une mâle énergie, ces mots
simples, prophétiques, justes et admirables :
. . . .

« Enfant, il faut se remettre à l'œuvre, c'est à
refaire !. . . . .

« Il ne s'agit pas de dire toujours : sus aux capitalistes ! sus aux propriétaires ! souvent incons-

cients, actuellement même inévitables, mais il faut se remettre à l'œuvre et répandre en larges flots de lumière la vérité et la justice pour qu'il n'y ait plus d'ignorance du bien et du mal, plus de hiboux, plus de criminels cachés, et s'il se trouve encore des hommes injustes et aveugles, ennemis de la vérité naturelle, alors! alors! nous sortirons de notre poche le courageux drapeau noir fièrement déployé : le signal du combat à outrance pour le droit !

« En France, il n'y aura pas autant de sang qu'en 1793 !

« Peut-être cette aurore qui verra la victoire et l'avènement de la justice est-elle déjà levée à l'horizon !

« Car il ne faut pas que cette vieille ère de fausse civilisation, de crimes et d'infamies règne à jamais sur le monde !

« Tout est à tous, et la liberté, l'égalité, la fraternité sont inhérentes à chacun dans sa bonté naturelle, corrompue aujourd'hui par l'éducation et les mœurs bourgeoises. Oui, toute la justice de la nature est renfermée dans cette vérité : que tous les hommes consomment selon leurs besoins en travaillant selon leurs forces physiques et morales.

« Compagnons et concitoyens, du courage, toujours du courage, pour que ce doux rêve de bien-être devienne la réalité : c'est le bonheur de tous, c'est notre droit, notre devoir et notre existence qui est là !

« Ouvrons nos intelligences avant d'exercer nos forces; regardons et aimons la justice, nous la comprendrons tous; elle n'est pas dans les livres, elle est dans la nature et « la nature qui seule est bonne, est toute familière et commune. »

. . . .

« Eh! toi, Quatorze-Juillet, tu n'es donc rien, tu n'es donc pas la date du pauvre, du travailleur, du plébéien, et tu ne peux donc l'être? Oui, je vois que tu es presque un crime au contraire, car «une révolution n'est qu'un crime éclatant qui détruit un autre crime» quand elle n'a pas entièrement l'amour sublime de l'humanité.

« En effet, ne vois-je pas encore l'inégalité et l'humanité toujours souffrante, des maîtres et des esclaves, des chefs et des gouvernés, des citoyens d'une seconde, et les satisfaits ne se servent-ils pas de toi pour paraître plus sage tout en exploitant et trompant les prolétaires ?

« Quelle est ton œuvre :

« Les pauvres du peuple n'entraient pas à la Bastille, une corde au gibet de leurs maîtres leur était seule réservée.

« Puisque tu ne peux être ni le « Dix-Août » dans l'histoire des criminels couronnés, ni le « Vingt-et-un-Septembre » dans les annales de la République française, tu ne seras pour les plébéiens qu'un jalon sur la route de l'indépendance et de l'égalité. »

Et, dégagé de son étreinte, je l'entendis bientôt s'asseoir à la place qu'il aimait tant et murmurer avec amour ces vers :

C'est l'idéal de tout homme qui pense :
Qu'il ne faut plus ni maîtres ni souffrance.
. . . .
O compagnons du trompeur esclavage,
Préparons-nous à briser tous nos fers ;
Faisons briller par un noble courage
Le juste droit que veut tout l'Univers.
Rien ne pourra dominer nos paroles
Si le devoir de chaque révolté,
En nous faisant renverser les idoles,
Nous dit toujours : Vive la Liberté !

J. D. 18 juillet 1885.

VÉRITÉS

Si l'on est intelligible, fît-on
cinq cents barbarismes, on n'en a
pas moins bien écrit.

ROUSSEAU.

I

Les hommes naissent naturellement bons, mais
ils sont corrompus en grandissant par le pouvoir,
l'argent et une fausse éducation. Pour conserver à
l'homme cette bonté que la nature donne sous dif-
férentes formes à chaque animal, il faut donc dé-
truire à jamais le pouvoir que certains hommes se
sont fait donner ou ont pris aujourd'hui sur leurs
semblables, supprimer la richesse individuelle dans
l'argent et donner l'éducation naturelle, simple et
juste à chacun.

C'est là le but et le devoir du socialiste sincère.

II

Aujourd'hui, |le tout profite à quelques-uns.
L'ouvrier ne profitant pas des produits de son
travail, voit ses misères augmenter à mesure que
les fruits de ses labeurs augmentent. C'est lorsque
les magasins sont pleins d'habits que les tailleurs
risquent de porter des haillons et qu'il y a beau-
coup de maisons de construites que le maçon dès
lors en chômage peut être sans abri. Dès qu'une
machine fonctionne, la richesse de celui qui la
possède augmente et la misère de ceux qu'elle rem-
place s'élève. Cependant la machine découverte

est une vérité de la nature qui doit profiter à tous. Nous sommes tous sur la terre de la même égalité innée et la terre n'est possédée que par un petit nombre. Maintenant les pauvres produisent pour les riches, c'est là la source de leur misère, et les riches ne font que recueillir les produits des pauvres, c'est de là que naissent leurs richesses. Il faut demain que tous produisent quelque chose d'utile pour tous. Aujourd'hui sur dix hommes deux seulement produisent des choses nécessaires à l'existence. S'ils en produisaient tous, ces deux hommes utiles travailleraient huit fois moins et les autres n'auraient pas à travailler davantage. Ils seraient justes. Les uns ont du superflu et de l'inutile quand les autres n'ont pas le nécessaire. Pourtant, personne n'apporte rien du berceau et n'emporte rien dans la tombe : la nature garde tout pour tous. Justice naturelle : tout pour tous. Il faut que chacun consomme selon ses besoins et travaille selon ses forces physiques et morales. C'est là la beauté et la justice du communisme.

III

L'homme est un être complet qui ne dépend pas d'un autre. Sa bonté est innée. Il a en lui toute la nature, sans sophismes ni préjugés. Son intérêt est dans celui de tous, et celui de tous dans le sien. Ayant moral et physique, il est constitué pour vivre et de son travail manuel et de ses pensées et écrits intellectuels. Il est être humain sur la terre, et n'a pas de patrie, de frontières, de climat. Il travaille pour vivre et vit en travaillant. Sa liberté est naturelle, et celle de l'un garantit celle de l'autre. En son égalité, nul n'a plus de droits et de devoirs qu'un autre et ne peut être son maître. Les corrupteurs détruits, il conserve sa bonté naturelle qui lui fait aimer toujours la justice, la concorde. Voilà l'homme de l'anarchisme.

IV

L'homme ne doit se soumettre qu'aux lois de la nature ; les lois des hommes ne sont qu'injustes et fausses et ne servent qu'à tromper les uns au profit des autres.

V

Ceux qui possèdent autre chose que le nécessaire à l'entretien strict de la vie, commettent un vol au détriment de ceux qui n'ont pas ce nécessaire.

VI

Maintenant, les hommes sont divisés en deux catégories : ceux qui trompent et ceux qui sont trompés ; les riches ou ceux qui veulent l'être, et les pauvres ; les bourgeois satisfaits ou les bourgeois sans le sou, et les plebéiens.

VII

Le monarchiste est un criminel ; le républicain est un tartuffe ou un ramolli ; et, pour la vérité, le socialiste sincère, l'anarchiste communiste est seul juste.

J. DELMORÈS.

St-Etienne. — Typ. MÉNARD, rue Gérentet, 14.

LIBRAIRIE Eugène RELAVE

MONTBRISON (Loire)

La **Petite Bible du Peuple**, par Eugène RELAVE.

Le **Discours de Jacques Bonhomme à la Chambre**, par Eugène RELAVE.

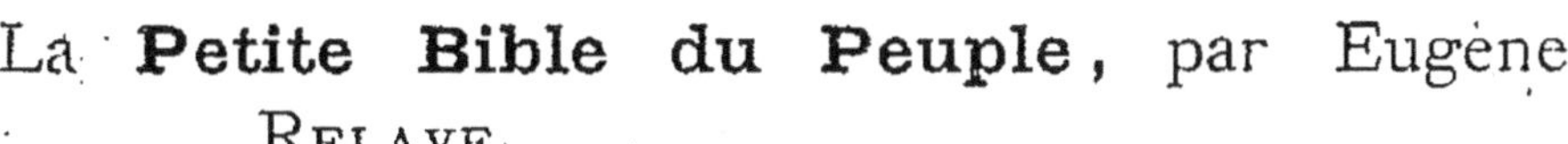

POUR PARAITRE:

Par J. DELMORÈS

La **Poésie des Illettrés**;

Les **Raisonnements et les Croyances d'un Animal**;

Maître Cornédat.

<table>
<tr><td>ABONNEMENT:
4 fr.
PAR AN</td><td>LA BROCHURE EST AUSSI EN VENTE:
aux bureaux du
RÉVOLTÉ
Organe Communiste-Anarchiste
140, RUE MOUFFETARD, 140
PARIS</td><td>LE NUMÉRO:
5
CENTIMES</td></tr>
</table>